DE L'ÉTAT,

SA PLACE ET SON ROLE

DANS

LA VIE DES SOCIÉTÉS.

Bruxelles. — Imprimerie de A. Labroue et Ce,
36, rue de la Fourche.

DE L'ÉTAT,

SA PLACE ET SON ROLE

DANS

LA VIE DES SOCIÉTÉS,

PAR

PASCAL DUPRAT,

ANCIEN REPRÉSENTANT DU PEUPLE.

BRUXELLES.

LIBRAIRIE UNIVERSELLE DE J. ROZEZ, ÉDITEUR,

RUE DE LA MADELEINE, 87.

1852

AVANT-PROPOS.

Les pages qui suivent sont détachées d'un ouvrage
de longue haleine, qui doit comprendre à la fois la
théorie de l'État, l'histoire de ses révolutions ou de ses
vicissitudes et l'examen des systèmes dont il a été
l'objet chez les anciens et les modernes.

Cet ouvrage sera publié un jour.

En attendant, l'auteur a jugé convenable d'en ex-
traire la partie dogmatique, pour l'offrir, sous une
forme concise, au jugement du public.

Il serait heureux, s'il pouvait lever quelqu'une de
ces difficultés qui embarrassent partout la notion de
l'État, et ne servent que trop à égarer les esprits
noblement obstinés à la poursuite des problèmes sociaux.

Telle est l'espérance qui a dicté ces pages. Elle les

justifiera, si elles ont besoin d'excuse : elle en deviendra l'ornement, si elles ne restent pas étrangères au progrès des idées politiques.

Bruxelles, le 1ᵉʳ octobre 1852.

PASCAL DUPRAT,
ancien Représentant du Peuple.

INTRODUCTION.

A toutes les époques de crise ou d'agitation intellectuelle, il y a, comme disait Montaigne, une *maîtresse question*, qui domine tous les débats. Cette question, aujourd'hui, à travers nos querelles économiques et politiques, est celle de l'État, ou plutôt du rôle qui lui appartient dans la vie organique des sociétés.

Qu'on arrête un instant ses regards sur la France et sur les pays qui l'environnent.

De quoi s'agit-il partout? Sinon des droits et des devoirs du gouvernement, c'est-à-dire de l'action souveraine de l'État ou du pouvoir social, dans la forme qu'il a reçue du génie des peuples.

C'est le pouvoir social, c'est l'État, qu'on invoque ou qu'on repousse tour à tour. Aucun problème matériel ou moral ne se remue parmi nous, sans que l'État soit mis immédiatement en jeu, tant il occupe de place dans la pensée contemporaine !

Est-il question de la propriété, du travail ou du

crédit? On se demande, on recherche quelle doit être, dans ce triple domaine, la part spéciale de l'État.

La science, l'art et l'industrie, qui, dans la liberté de leurs conceptions, attendent et réclament des moyens extérieurs pour se développer, n'échappent point à cette controverse.

Il en est de même de l'enseignement et de la religion, ce qui ne doit guère nous surprendre : car la religion et l'enseignement sont comme deux gouvernements des esprits, dont l'État devient nécessairement l'allié, le rival ou le maître.

Ainsi nous trouvons l'État dans tous ces problèmes, qui touchent de si près à l'avenir du monde.

Il serait important, à coup sûr, de pouvoir s'entendre sur la place qui lui convient dans ces divers domaines de la vie sociale. Que de querelles épargnées à la science ! que d'erreurs écartées de l'esprit des législateurs ! que de périls peut-être heureusement conjurés sur la tête des peuples !

DE L'ÉTAT,

SA PLACE ET SON ROLE

DANS

LA VIE DES SOCIÉTÉS.

CHAPITRE PREMIER.

Idée générale des théories contemporaines sur l'État et sur ses fonctions.

Rien de plus confus, il faut le reconnaître, que les idées qui règnent aujourd'hui sur l'État et sur les attributions dont il doit être investi. Cette anarchie intellectuelle, cette incohérence de doctrines se retrouvent partout. Les gouvernements, les corps politiques, les publicistes eux-mêmes, ces maîtres de la science, nous en offrent à chaque instant l'exemple.

Il n'y a pas de gouvernement qui ne parle et n'agisse sans cesse au nom de l'État.

Mais où est la règle de sa conduite? Quelle est la pensée qui le dirige dans ses paroles et dans ses actes?

Tantôt il prétend se mêler à tout, agir sur tout,

comme s'il aspirait à tout envahir : c'est un maître avide et jaloux, c'est le plus insatiable des conquérants.

Tantôt, au contraire, il se replie solitairement sur lui-même; on dirait qu'il veut se tenir à l'écart de tous les grands phénomènes sociaux : c'est presque un étranger dans la cité.

On chercherait vainement, dans ces rôles contradictoires du pouvoir public, quelle est la part qui revient véritablement à l'État dans l'organisation des sociétés. On n'y trouve la trace d'aucune idée générale, d'aucune discipline. Comment découvrir un système fixe et permanent au milieu de ces fluctuations perpétuelles d'une force qui semble ignorer sa loi?

Les mêmes caprices, les mêmes variations se rencontrent dans les corps politiques.

Aujourd'hui, ils semblent vouloir tout absorber au profit de l'État, sans tenir aucun compte de la dignité de l'homme, ni des inviolables attributs de sa personnalité.

Un autre jour, ils limitent et restreignent son domaine, livrant, pour ainsi dire, à l'inconnu la plupart des forces sociales.

La loi, docile instrument de leur volonté, paraît osciller d'un pôle à l'autre, comme entraînée par des vents contraires.

On devrait trouver plus de fixité dans l'esprit des philosophes et des publicistes, qui prétendent gouverner, au nom de la raison, les institutions sociales.

Mais ils nous offrent, eux aussi, toute sorte de contradictions.

Le même écrivain, qui accordait tout à l'heure, dans
un certain ordre de faits, un rôle prépondérant à
l'État, l'écarte maintenant du même domaine ou d'un
domaine analogue, comme une sorte d'intrus.

Pourquoi cette différence? Quelle en est l'origine?

Elle résulte simplement d'une absence de doctrine.
La pensée de l'écrivain marche au hasard, parce
qu'elle n'a pas de règle et qu'une discipline scientifique peut seule la fixer.

C'est donc partout la même incertitude, la même
confusion. La pratique et la théorie, d'accord cette
fois, semblent se donner la main, pour s'égarer, l'une
et l'autre, dans le même labyrinthe.

CHAPITRE II.

*Que toutes les notions actuelles sur l'État aboutissent
à deux systèmes contradictoires.*

Si l'on examine de près toutes ces idées, on reconnaîtra facilement que, dans leur désordre même, elles accusent une double tendance et suivent une double direction.

Les unes exagèrent le rôle de l'État dans la conduite des sociétés ou des empires.

Les autres restreignent l'action de l'État dans le mouvement social et tendent à lui dérober une partie de son domaine.

Dans le premier cas, l'État semble appelé à tout envahir, comme si toutes les énergies de l'humanité devaient être concentrées dans ses mains.

Dans le second cas, l'État est menacé de tout perdre, tel qu'un usurpateur qui aurait pris la place du souverain légitime.

Agent subalterne et vulgaire, ou régulateur suprême et absolu de la vie des peuples, tel est l'État, tel il doit être, suivant l'une ou l'autre de ces deux conceptions dont on retrouve partout la trace dans le monde politique.

CHAPITRE III.

De l'erreur des législateurs et des publicistes, qui prétendent concentrer dans les mains de l'État la plus grande partie, sinon la totalité, des forces sociales.

Il y a un grand nombre d'esprits qui, comprenant mal l'économie du corps social, n'ont pas su assigner à l'État une fonction spéciale et distincte, comme à tous ses autres membres, et ont été par là même entraînés à le considérer comme une sorte d'agent universel.

L'État, pour eux, n'est pas seulement un organe prépondérant : il se substitue, pour ainsi dire, à tous les autres organes, ou, s'il n'en prend pas la place, il doit plus ou moins en jouer le rôle, en remplir les fonctions.

Ainsi envisagé, l'État domine toutes les sphères de l'activité humaine. Le monde moral et le monde matériel lui appartiennent à la fois. Rien ne lui échappe.

Aucun mouvement, aucune fonction de ce grand corps, dont il fait partie, ne se dérobe à son influence souveraine. Il règle tout, s'il ne fait pas tout par lui-même ou par les instruments qu'il se donne. C'est ce Jupiter d'Homère, qui soulève par une chaîne d'airain tout un monde, étroitement lié à ce moteur suprême.

La doctrine des partisans exagérés de l'État ne se montre pas toujours et partout sous cette forme absolue; mais il n'est pas difficile de la retrouver dans la plupart de leurs conceptions.

S'ils ne demandent pas que l'État soit l'unique propriétaire, ou qu'il associe tous les citoyens à la propriété, d'après le régime de Lycurgue, ils veulent du moins qu'il se fasse le distributeur du crédit et l'organisateur du travail.

Peut-être ne réclament-ils pas pour lui le gouvernement direct de l'industrie, de l'art et de la science ; mais ils entendent bien qu'il joue un rôle prépondérant dans ce triple domaine de l'esprit humain.

Ils sont encore plus portés à lui livrer l'enseignement et, avec l'enseignement, la conscience des générations nouvelles, c'est-à-dire, à faire de lui le précepteur du présent et de l'avenir.

Enfin, ils l'introduisent avec une sorte d'autorité dans la religion. Ils ne l'admettent pas sans doute à créer des dieux, comme dans l'ancienne Rome, ce qui du reste n'est plus possible, grâce aux progrès de la raison; mais ils le mêlent sans cesse au culte, c'est-à-dire aux manifestations de la pensée religieuse. Ils ne craignent pas même quelquefois de le faire juge des dogmes et de le substituer ainsi aux prêtres et aux philosophes, les seuls oracles légitimes de la Divinité.

Le trait saillant de ces conceptions est de méconnaître au même degré, quoique sous des formes diverses, la nature et le caractère de l'État.

On peut même dire qu'elles tendent à le perdre, en lui prêtant ces proportions gigantesques. Comment, en effet, ne menaceraient-elles pas de le détruire, quand elles l'enlèvent ainsi capricieusement à son rôle naturel?

CHAPITRE IV.

Origine historique et philosophique de ce système.

Cette doctrine de l'État provient de deux sources qu'il est facile de découvrir.

Il ne faut pas une érudition bien étendue pour reconnaître que l'État, considéré sous cet aspect, investi de ces attributions, est l'image ou le reflet de la cité antique. C'est Rome, c'est Lacédémone, ce sont les républiques absolues de l'antiquité, qui nous apparaissent à travers ces conceptions.

L'esprit de l'Europe moderne a bien eu de la peine à se dégager de ces souvenirs, depuis que l'étude des littératures anciennes l'a introduit, pour ainsi dire, au milieu de ces vieilles sociétés, dont il est devenu l'hôte et trop souvent le disciple. Cette influence a pesé sur nos tribuns, à la fin du dernier siècle, et plus d'une fois elle a servi les écrier. Elle domine aussi dans l'esprit des partisans exagérés du pouvoir social.

On peut, on doit rattacher ce système à une autre origine.

Une idée fatale s'est glissée, il y a un siècle, dans le domaine des sciences politiques. La vie des nations, comme celle des individus, a été conçue à un point de vue exclusivement matérialiste. On a cessé de voir dans ces grands corps le jeu régulier et harmonieux de plusieurs organes, liés l'un à l'autre, mais concourant, chacun pour sa part, à la vie commune. Ils n'ont plus été envisagés que comme de grands mécanismes, composés de plusieurs pièces, dépourvues de tout mouvement : dès lors, quoi de plus naturel que de subordonner toute la machine à l'action de ce puissant moteur, qui s'appelle l'État?

CHAPITRE V.

Du système contraire ou de l'erreur des écrivains, qui prétendent réduire l'État à un rôle purement négatif.

Si l'État a ses amis et ses partisans, il a aussi ses adversaires, et, s'il est permis de le dire, ses jaloux. A côté de ces publicistes, qui lui livreraient volontiers toute la vie sociale, il existe une nombreuse phalange d'écrivains, qui ne demandent, à leur tour, qu'à le chasser de la société.

« A quoi bon, disent-ils, ce pouvoir envahissant, cette autorité jalouse et ambitieuse, qui cherche à s'emparer de tout ce qui l'environne? Pourquoi ce gouvernement, qui étend partout autour de lui la main despotique de la loi? Que ne laisse-t-il l'homme déployer librement ses énergies et marcher, comme il l'entend, à la conquête de ses destinées? Ne vaudrait-il pas mieux qu'il se tînt à l'écart et qu'il abandonnât les choses à leur cours naturel? Quel est le résultat de son intervention? Il interrompt, il trouble le jeu spontané des forces humaines. Le moment est venu de le réduire à un rôle plus modeste. Il a trop gouverné la société; qu'il la gouverne un peu moins. Le crédit, le travail et la propriété, dégagés de sa tutelle, s'organiseront d'eux-mêmes. Un mouvement analogue se produira dans le triple domaine de l'industrie, de l'art et de la science, qui se développeront, à leur tour, par leurs propres forces. Ces grandes disciplines de l'âme, l'enseignement et la religion, grandiront aussi spontanément dans la féconde liberté de l'esprit. La civilisation, en un mot, saura trouver, sans guide, sa forme et sa voie. »

Tel est le langage de tous ces écrivains. Ils ne proposent pas de destituer absolument l'État; mais ils veulent qu'il se contente de la police des rues, des places et des prisons. Ils l'abaisseraient volontiers au rôle obscur de ces veilleurs de nuit, qui circulent du soir au matin dans certaines villes d'Europe, pour protéger la sûreté publique. Plusieurs même ne semblent l'admettre qu'à titre d'épouvantail, comme ce dieu grotesque de l'antiquité auquel Horace confiait, en le bafouant, la garde de ses jardins.

Furcs dextra coercet,
Ast importunas volucres in vertice arundo
Terret fixa, vetatque novis considere in hortis (1).

____

(1) Horat. lib. I, sat. 8.

L'État, dans ce système, cesse d'être un guide ou un appui. Ce n'est plus qu'un agent banal et subalterne, qui remplit un rôle vulgaire, et qu'on pourra mettre quelque jour à la porte.

Déjà certains esprits, plus impatients que les autres, ont proposé bravement de prendre ce parti.

Pourquoi, en effet, tiendrait-on à conserver l'État, s'il occupe une place aussi secondaire dans l'organisation sociale? N'est-il pas naturel qu'il expie le plus tôt possible ses longues usurpations? Tombé du rang de maître au rang de valet, perdu, pour ainsi dire, au milieu de toutes ces forces qui s'organisent sans lui, et même contre lui, que peut-il faire de mieux que disparaître, comme un élément désormais inutile d'un monde qui n'est plus?

CHAPITRE VI.

Source de cette idée et comment elle s'est introduite dans l'esprit contemporain.

La théorie des écrivains qui font la guerre à l'État et à ses attributions, ne remonte pas aussi haut dans l'histoire que celle de leurs adversaires.

On peut la rattacher sans doute à ce mouvement général de l'esprit moderne, qui tend à émanciper les hommes et les choses; mais il n'est guère possible de la reporter au delà du xviiie siècle, c'est-à-dire, au delà de ce temps, encore voisin de nous, où quelques hommes de génie s'élevèrent avec éclat contre toutes les tyrannies du passé et semèrent à pleines mains les idées libérales dans le monde.

Dès ce moment, on peut le dire, commença la guerre contre l'État. Elle s'est faite principalement par l'entremise des économistes. Ce sont eux encore qui la continuent de nos jours avec le plus de vivacité.

Ils ont bien rencontré quelques auxiliaires, un, entre autres, qui, fidèle à ses habitudes, s'est jeté dans la mêlée avec beaucoup de bruit et de fracas.

Mais ces auxiliaires sont assez peu sûrs. C'est moins l'État qu'ils attaquent dans leurs discours et leurs écrits, que la politique et l'économie de l'État. Ils se réconcilieraient bien vite avec cette grande force, si quelque révolution populaire la jetait dans leurs mains, pour en faire l'instrument docile et irrésistible de leurs idées.

CHAPITRE VII.

On se trompe également en augmentant et en dimi-nuant l'action ou la part de l'État dans la vie nationale.

Quelle que soit la différence de ces deux doctrines et des idées, qui s'y rattachent, on peut dire qu'elles sont également erronées et qu'elles doivent être écartées, avec le même soin, du domaine des sciences politiques.

Peu importe, en effet, que l'on étende ou que l'on restreigne aveuglément le domaine de l'État. Ne se trompe-t-on pas, dans les deux cas, sur le rôle qui lui appartient? et l'harmonie sociale n'est-elle pas toujours troublée dans l'un de ses principaux éléments?

La société a été souvent comparée au corps humain. Elle forme aussi un corps, dont la force et la beauté sont étroitement liées au développement harmonique de ses membres.

Que l'un de ces membres dépasse ses proportions naturelles ou ne les atteigne pas, l'équilibre de tout le corps n'en est pas moins rompu et le désordre qui en résulte est d'autant plus grave, que le jeu de ce membre est plus nécessaire à la vie commune.

CHAPITRE VIII.

*Que l'État a un rôle spécial et distinct dans la vie des
peuples.*

A travers les contradictions et les luttes de ces systèmes, qui élèvent ou abaissent l'État, en l'investissant
ou le dépouillant tour à tour de presque toutes les attributions, il est assez difficile de dire quelle est la
place qui appartient à ce grand organe du corps social.

On ne peut pas admettre qu'il doive être chargé de
la totalité, ni même de la plus grande partie des fonctions, comme le voudrait toute une école ; car cette
idée est contraire à la notion même d'organisme.

Ne risquerait-il pas, d'ailleurs, de disparaître dans
cette conception monstrueuse qui, méconnaissant toutes
les limites, trouble nécessairement tous les rapports ?

Il est également impossible de conclure, comme
semblerait y pousser une autre école, qu'aucune fonc-

tion ne doit lui être assignée ; car cette école reconnaît elle-même qu'il est appelé à remplir un rôle de surveillance et à protéger la sûreté publique.

D'ailleurs, comment croire que les sociétés de tous les temps, que ces grandes et puissantes organisations nationales, qui ont dominé le monde, et dans lesquelles l'État nous apparaît sous une figure plus ou moins éclatante, ont bien voulu se charger, depuis l'origine des siècles, d'un membre complétement inutile?

L'État a donc un rôle spécial et distinct dans la vie des peuples.

Mais quel est ce rôle? En quoi consiste-t-il? A quel besoin social, à quelle nécessité publique lui est-il donné de répondre?

CHAPITRE IX.

L'État appelé à fonder et à distribuer la justice ou le droit.

Il y a des conditions d'existence et de développement pour les sociétés, comme pour les individus.

L'une de ces conditions essentielles et fondamentales, c'est la justice, dont les anciens, dans leurs idées religieuses, avaient fait une divinité.

Or, la justice ne se fonde pas d'elle-même.

Elle a bien de secrètes et d'immortelles racines dans l'esprit de chaque homme; mais cette base ne lui suffit point.

La justice, d'ailleurs, n'est pas une chose simple, surtout dans les sociétés qui ont eu le temps et de bonheur de se développer. Comme les intérêts s'y croisent et s'y mêlent dans tous les sens! Quelle variété, quelle complication dans les rapports!

Qui dirigera la justice dans ce labyrinthe? Qui l'aidera à vaincre les résistances, à écarter les obstacles, en un mot à triompher des difficultés que les passions ou les intérêts accumulent sur sa route?

L'État, l'État seul, c'est-à-dire la force organisée, pour faire prévaloir le droit dans les relations humaines.

Un des plus beaux esprits de l'antiquité, Cicéron, a très-bien défini ce rôle de l'État, quand il a dit : *Civitas est societas juris;* la cité ou l'État est la société du droit, en d'autres termes, l'association ayant pour objet le triomphe et le règne du droit ou de la justice.

CHAPITRE X.

Conséquences philosophiques et politiques de cette notion, ou aperçu général des rapports de l'État avec les diverses parties de l'organisation sociale ou les diverses fonctions de l'humanité.

Pour bien comprendre la portée du rôle de l'État, tel qu'il vient de nous apparaître, c'est-à-dire, comme institution juridique ou comme organe du droit dans le monde, il faut savoir ce qu'est le droit, en d'autres termes, quels sont les éléments qui le constituent.

Suivant certains systèmes, qui occupent une place considérable dans le domaine de la jurisprudence et de la politique, le droit ne comprendrait aucune notion positive; il n'existerait guère qu'à l'état d'antithèse, comme une de ces formes logiques, familières à l'esprit humain, quand il veut se rendre compte des choses.

Dans cet ordre d'idées, il faudrait dire que le droit existe, toutes les fois que l'homme n'est point lésé directement, soit dans sa personne, soit dans quelque attribut de sa personnalité.

Il y a une manière plus large et plus vraie de concevoir le droit.

On peut le considérer sans doute comme la forme ou le produit d'un état social au sein duquel l'homme est respecté dans son être et dans ses facultés naturelles ou primitives.

Mais ce n'est là qu'une partie de son domaine.

Lié, pour ainsi dire, à l'homme et à la société, le droit les accompagne dans leurs évolutions et leur assure les conditions nécessaires à leur développement. Il ne se produit, il n'existe complétement que dans la réalisation de ces moyens extérieurs qu'attend l'humanité pour vivre et se développer sous toutes ses faces, au point de vue moral, comme au point de vue matériel, dans la merveilleuse fécondité de sa nature.

Voilà le droit, le droit humain, tel que le conçoit la raison, à la double lumière du christianisme et de la philosophie (1).

Qui oserait dire, en effet, que le droit existe dans un état social où l'homme protégé par le pouvoir public n'a peut-être rien à craindre des abus de la force ni des emportements de la passion, mais où tristement

_____

(1) Cette manière d'envisager le droit appartient à l'esprit allemand : c'est l'une de ses conceptions les plus heureuses et les plus fécondes. Nous l'avons signalée déjà, il y a quelques années, en publiant un exposé des doctrines de Krause.

abandonné à lui-même, comme un exilé au sein de la nature, il cherche vainement autour de lui les moyens de déployer ses facultés organiques? Comment apercevoir le droit dans cette situation anormale et désastreuse? Quoi! l'homme végéterait sans secours, sans appui, sans lien avec le monde, emprisonné, pour ainsi dire, dans le vide, et le droit régnerait!

Le rôle du droit, précisément, est d'enlever l'homme à cet isolement mortel. C'est par là, et par là seulement, qu'il existe au sein de la société. L'homme se trouve ainsi rattaché au monde et rapproché providentiellement de la fin qui lui est assignée dans le mouvement de la vie universelle.

Ici apparaît dans toute son étendue et toute sa grandeur le rôle de l'institution juridique, c'est-à-dire de l'État.

Chargé de fonder le droit et de le répandre autour de lui, comme la vie même de l'humanité, l'État ne doit pas se contenter de maintenir la sûreté publique, c'est-à-dire d'écarter la violence des relations humaines. Il faut qu'il procure à l'homme, déjà protégé dans sa personne et dans les attributs de sa personnalité, les moyens de poursuivre les buts divers de sa vocation individuelle et sociale, à moins que de grandes organisations, répondant à tous les besoins de la nature humaine, et l'enveloppant, pour ainsi dire, de tous les côtés, ne le mettent directement en mesure de remplir sa destinée, comme le reste des êtres.

Ainsi l'État est appelé par son essence à intervenir

dans toutes les sphères de l'activité humaine. Rien de ce qui touche à la destinée matérielle ou morale des individus et des peuples ne saurait lui rester complétement étranger.

Que l'homme se rattache par la religion à la cause suprême; qu'il entre par l'enseignement, cette vie commune des esprits, en relation avec ses semblables; qu'il s'élève par la science et par l'art, ces deux ailes de la pensée, dans la double région du vrai et du beau; qu'il cherche par l'industrie et le travail à plier sous sa loi le monde extérieur, qui doit être sa conquête; qu'il s'émancipe enfin par la propriété ou par le crédit, c'est-à-dire, par l'une des formes de ce capital, qui peut seul le rendre maître de lui-même en lui fournissant les instruments du travail, condition essentielle de son complet affranchissement, l'État doit toujours être là, à côté de lui, non pour le diriger dans chacune de ces grandes et puissantes manifestations de sa nature, mais pour écarter les obstacles qui pourraient entraver ces manifestations providentielles, et concourir par des moyens extérieurs à l'œuvre féconde de son développement.

Il ne s'agit plus que de savoir quand, comment et dans quelle mesure l'État doit intervenir dans ces diverses fonctions de l'humanité: problème important dont il ne faut pas demander le secret au passé, mais dont la solution intéresse à la fois le présent et l'avenir!

CHAPITRE XI.

L'État et la religion.

Après un asservissement réciproque de plusieurs siècles, le pouvoir social et l'Église, l'État et la religion, tendent de plus en plus à se séparer, pour se constituer isolément, dans une entière indépendance. C'est là sans contredit un mouvement légitime, et vouloir le combattre serait reculer vers la barbarie. Mais il n'en faut pas conclure que tous les liens doivent être brisés entre ces deux puissances, trop longtemps rivales, et qu'il faut que l'État reste complétement étranger aux choses religieuses.

Retirée dans la conscience, qui est son premier sanctuaire, inviolable et sacrée, comme elle, la religion échappe, dans cet asile invisible, à l'action des gouvernements.

Mais ce berceau ne lui suffit point. Comme toutes les

forces humaines, la religion tend à se manifester, à se produire au dehors. Elle cherche une forme extérieure ; elle aspire à une organisation publique. C'est un membre du corps social, qui grandit avec les autres, et prétend, avec raison, avoir sa part de la vie commune.

Ici doit commencer l'intervention de l'État ; car c'est un côté du droit, qui apparaît et qu'il s'agit de défendre dans l'intérêt de l'humanité.

L'État n'est pas appelé à se faire théologien, c'est-à-dire, à proclamer des dogmes et à distribuer des anathèmes. Il commettrait une usurpation sacrilége, s'il adoptait ce rôle. Le domaine de la théologie lui échappe, et il serait à la fois odieux et ridicule, s'il prétendait siéger dans les conciles.

Mais la religion, en sortant de la conscience pour s'épanouir dans le monde, peut rencontrer des obstacles matériels ou moraux, qui l'empêchent de se produire en liberté.

Elle peut aussi, dans ses jours de puissance, combattre violemment d'autres manifestations théologiques, d'autres formes de l'esprit religieux.

Elle peut encore vouloir envahir tous les domaines, toutes les sphères de l'activité sociale, et se substituer, avec une autorité jalouse, à toutes les autres disciplines.

Elle peut enfin, dans ses institutions, consacrer des principes, qui soient radicalement contraires au droit, c'est-à-dire à l'État lui-même, qui est le droit organisé au sein des nations.

Dans chacun de ces cas, l'État doit agir. Sa mission l'y oblige; il ne change pas de rôle : c'est toujours le droit qu'il représente et qu'il protége contre de coupables envahissements.

En effet, que l'homme soit entravé dans le culte de sa foi religieuse; que l'un de ces symboles sacrés, qui ont pour but de rattacher nos sociétés humaines au monde invisible, soit refoulé brutalement dans la conscience, n'est-ce pas un outrage au droit? Et comment l'État ne se montrerait-il point, pour défendre l'une des conditions primitives et fondamentales du développement individuel et social de l'homme?

Si l'État doit protéger toute manifestation religieuse, il ne saurait permettre qu'une Église plus ancienne ou plus puissante cherche à étouffer une autre Église. A plus forte raison ne doit-il pas s'associer à cette persécution, dont le triste résultat est de déchirer, pour ainsi dire, l'âme humaine.

Ce n'est pas assez qu'il maintienne cette sorte d'équilibre entre les diverses croyances, qui aspirent à gouverner l'homme. Il ne doit pas souffrir que l'une de ces organisations religieuses empiète sur le domaine des autres institutions sociales et s'empare, par exemple, de l'enseignement ou de la science; car ce serait contrarier au profit d'un seul membre le développement du corps tout entier.

Enfin, il ne doit pas, il ne peut pas vouloir qu'une doctrine religieuse, inviolable en elle-même comme toutes les autres, se manifeste par des institutions, qui portent une atteinte directe aux attributs et aux droits de l'homme. Du moins, il ne reconnaîtra pas lui-même ces institutions et ne leur ouvrira point, s'il est permis de le dire, les portes de la cité. Il pourra s'égarer quelquefois sur ce point. L'erreur est facile, dans cet ordre d'idées; mais l'État n'en est pas moins obligé d'élever le droit social au-dessus de ces atteintes.

N'est-il pas appelé à intervenir plus directement dans le domaine de la religion, sans jamais se mêler toutefois aux problèmes religieux? Doit-il se contenter de maintenir dans sa sphère telle Église, qui est puissante, et de laisser le champ libre à telle autre Église, qui vient de naître et demande à s'asseoir sur le sol de la patrie? Ne peut-il pas, ne doit-il pas seconder l'esprit religieux, en lui fournissant, au besoin, les moyens de se manifester dans les formes qui lui conviennent?

Qu'à certaines époques de l'histoire, l'État assure des conditions d'existence à telle ou telle organisation religieuse, il sera dans son droit et remplira son devoir, à une condition toutefois, c'est que la religion manque de tout élément extérieur et qu'elle soit exposée, en quelque sorte, à mourir dans le vide.

Or cette circonstance se produit assez rarement dans l'histoire. La foi, qui transporte les montagnes, bâtit facilement les autels et les temples, qui l'aident à monter vers Dieu. Voilà pourquoi les religions précèdent en général les autres progrès de l'humanité et pourquoi nous les trouvons assises, pour ainsi dire, au berceau même de toutes les civilisations.

CHAPITRE XII.

L'État et l'enseignement.

Des rapports plus directs, des liens plus étroits, quoiqu'il ne s'agisse au fond que de l'application du même principe, rattachent l'État à l'enseignement et à ses destinées.

Il n'est pas plus appelé à décréter des méthodes que des dogmes; mais, dans le domaine de l'enseignement comme dans celui de la religion, il lui appartient de concourir plus ou moins, suivant les cas, à la satisfaction de l'un des besoins les plus urgents et les plus impérieux des sociétés humaines.

Si tous les membres de la cité trouvaient dans leur famille ou au dehors une instruction suffisante, et si chacun d'eux puisait spontanément à l'une de ces sources cette vie intellectuelle, qui constitue la patrie morale au-dessus de la patrie matérielle ou physique, l'État n'aurait rien à faire pour l'enseignement. Il lui resterait tout au plus à empêcher que des doctrines coupables ne s'emparent de l'âme de l'enfance, et que l'école, cet autre berceau de l'homme, ne devienne un foyer de désordre, d'anarchie ou de guerre civile.

Mais lorsque la civilisation n'a pas atteint ce haut degré et que le peuple, follement épris de l'ignorance, semble se dérober à l'enseignement, ou que, mieux inspiré, mais aussi malheureux, il cherche vainement autour de lui les institutions, qui doivent lui donner cette vie de l'esprit; lorsque ces institutions existent, mais que, dominées par un autre intérêt, elles ne répondent pas à leur but, l'État doit intervenir sans balancer.

Il peut exiger, il exigera que tous les enfants reçoivent cette première culture, qui doit les mettre en communication avec le milieu social où ils sont appelés à vivre et les préparer à devenir un jour de véritables citoyens. C'est un devoir sacré pour lui; c'est un droit plus sacré encore pour ces générations nouvelles, qui ne peuvent être privées, à leur entrée dans la vie, de ce moyen de développement, sans que la justice en soit profondément blessée.

De plus, il pourra fonder lui-même des institutions à l'usage de la jeunesse, soit qu'il aspire à former des fonctionnaires, instruments nécessaires de tout pouvoir, soit qu'il n'ait d'autre but que d'élever le niveau de l'esprit public.

Mais en concourant ainsi à l'organisation de l'enseignement, il faut qu'il évite avec le même soin de le concentrer dans ses mains et d'en faire le monopole d'une corporation quelconque. Car ce serait commettre ou favoriser une usurpation et violer aveuglément l'une des conditions essentielles du progrès social.

Comme la religion, l'enseignement doit trouver lui-même la forme qui lui convient. Il est donc nécessaire qu'il puisse se développer librement et que la carrière soit ouverte à toutes les méthodes, à tous les systèmes.

De cette lutte d'idées sortira un jour la grande organisation intellectuelle, qui répondra, sans le secours de l'État, aux besoins fondamentaux de l'esprit humain.

L'État peut tout faire, il doit tout faire pour préparer l'avénement de cette force nouvelle, ou pour que cet organe si important de la société vienne prendre sa place et jouer son rôle à côté des autres.

CHAPITRE XIII.

L'État et la science.

Quoique la science, considérée en elle-même, n'ait pas la même importance sociale que l'enseignement, comme elle répond aussi à l'un des besoins de l'humanité, l'État ne saurait rester étranger à ses efforts.

Mais il ne doit jouer qu'un rôle extérieur, pour ainsi dire, dans le domaine scientifique.

On ne trouve pas la science au berceau des sociétés; elle naît et se développe lentement à travers les siècles. C'est un fruit laborieux et tardif de l'esprit humain.

Il en résulte que les autres organisations se produisent déjà avec une certaine puissance, tandis que la science est encore embarrassée dans ses premiers pas, à la poursuite de ses premières conquêtes. Elle a besoin d'un appui dans sa faiblesse.

L'État peut seul l'aider utilement, et il ne doit pas hésiter à le faire, à moins que la science ne trouve dans quelque autre source les conditions nécessaires pour marcher hardiment vers son but.

C'est donc à titre d'auxiliaire exclusivement que l'État est appelé à intervenir dans le domaine de la science.

Il ne doit pas se mêler à ses spéculations pour les contrôler. Où puiserait-il ce droit?

Il ne doit pas non plus lui tracer des limites, ni resserrer son essor dans un cercle arbitraire. Le monde tout entier lui appartient; elle s'élance même au delà du monde, puisqu'elle court saisir le vrai, ce noble objet de sa recherche, dans les régions métaphysiques.

Il ne doit pas enfin, au nom de quelque idée religieuse ou morale, proscrire certaines de ses solutions, parce qu'il ne lui appartient pas de concilier ces discordances intellectuelles et que l'harmonie des idées ne peut naître que du travail organique de l'esprit, élevant lui-même d'âge en âge, dans la liberté de ses conceptions, le merveilleux édifice des connaissances humaines.

La science, dans ses développements successifs, n'est pas destinée seulement à trouver sa véritable formule, c'est-à-dire, l'équation de la pensée avec l'être, ses lois et ses phénomènes; il lui est réservé en même temps de conquérir, sous une forme ou sous une autre, les conditions propres à sa vie, c'est-à-dire tout un ensemble de moyens extérieurs, qui doit permettre un jour à l'État de l'abandonner à ses propres forces.

CHAPITRE XIV.

L'État et l'art.

Les devoirs de l'État envers l'art sont les mêmes qu'envers la science : ils tendent au même but; ils sont resserrés dans les mêmes limites.

Comme la science, l'art s'appuie sur le monde extérieur, tout en marchant à la conquête de l'idéal, but éternel de ses efforts.

Pour atteindre le beau, qui n'est nulle part, mais dont l'image incomplète flotte partout dans la nature, il lui faut des moyens, des ressources qu'il ne trouve pas en lui; et comme il s'agit encore ici de la vocation humaine, l'État, à défaut de tout autre, est appelé à les lui fournir.

Il n'est pas question, pour l'État, de trouver une doctrine du beau, ni de proclamer une esthétique. Cette découverte n'est pas de sa compétence; il serait ridicule, s'il y songeait.

Il ne lui appartient pas davantage de favoriser une école au détriment d'une autre. Car il semblerait par là vouloir tracer une route à l'art, qui n'a pas besoin d'un pareil guide : il risquerait en outre de lui enlever une partie de son domaine.

Qu'il laisse l'art poursuivre librement, comme un prêtre inspiré, le dieu invisible qui l'appelle, et qu'il se contente de l'aider dans cette poursuite divine, en attendant qu'une organisation spéciale se produise à côté de lui pour seconder ses élans : voilà son rôle et sa mission ; ils ne sauraient avoir une autre portée.

CHAPITRE XV.

L'État et l'industrie.

Un rôle analogue est imposé à l'État dans la sphère de l'industrie, qui a pour objet, à son tour, la recherche et la découverte de l'utile et l'application des principes du beau et du vrai, c'est-à-dire de l'art et de la science, au bien-être de l'humanité.

Étranger par son caractère à toutes ces tentatives du génie pratique de l'homme, l'État ne peut et ne doit s'y associer, que pour en favoriser la marche par un concours généreux.

Ce concours a ses bornes naturelles.

Il ne saurait s'étendre au delà des nécessités générales du progrès industriel, en l'absence de toute institution, particulière ou indépendante, destinée à satisfaire d'une manière plus directe ce grand besoin social.

Que cette institution doive exister un jour, rien

n'est plus certain. N'en voit-on pas déjà le germe dans quelques associations, qui se forment au milieu de nous, pour exploiter les conquêtes de l'industrie?

Mais il ne faut pas provisoirement que l'État se tienne à l'écart de ces heureuses entreprises et abandonne complétement à lui-même l'esprit inventif des Papin, des Jacquart et de leurs rivaux.

CHAPITRE XVI.

L'État et la propriété.

Mêlé plus ou moins, comme on vient de le voir, à tous les intérêts intellectuels ou moraux de la société, l'État ne saurait rester étranger à la vie matérielle de ce grand corps, ni aux conditions qui lui servent de base. Parmi ces conditions, il faut placer au premier rang la propriété, cette conquête du monde extérieur, qui semble lier l'homme à la nature, et le complète, pour ainsi dire, en mettant sous sa main l'instrument nécessaire à son existence et à son développement.

A toutes les époques, on a vu l'État soumettre la propriété à certaines prescriptions. Les codes de tous les peuples civilisés règlent la manière d'acquérir et de transmettre les biens, en d'autres termes, fixent la constitution de la propriété. On trouve la trace de ces dispositions au sein même des sociétés les plus incultes et les plus barbares.

Mais comment l'État doit-il intervenir dans ces rapports de l'homme avec la terre? Par quels principes sera-t-il dirigé? Où s'arrêtera son action?

Si l'on supposait une société naissante et sans racines dans le passé, l'État, sans aucun doute, devrait, en la constituant, distribuer à chacun de ses membres, ou plutôt à chacune des familles qui la composent, une part égale du sol sur lequel elle va s'asseoir. Le droit l'exigerait. Où serait la raison d'une inégalité quelconque dans le partage? Tous les membres de cette société naissante sont appelés à vivre en vertu d'un même droit, qui a sa source dans leur existence, et tous ont également besoin des moyens extérieurs pour remplir leur destinée. C'est ce principe, qui a présidé instinctivement à ces distributions de territoires, dont l'antiquité nous offre plus d'une fois l'exemple, surtout à l'origine des colonies grecques et romaines. Il a joué, de nos jours, le même rôle en Amérique, et nous l'avons vu appliqué plus d'une fois en Europe pour la division des terres, qui avaient échappé jusqu'alors à toute occupation personnelle.

Mais ce cas ne se reproduit guère plus, ou du moins il devient chaque jour plus rare dans l'histoire des peuples.

La main de l'homme, en Europe particulièrement, a jeté presque partout sur le sol, conquis au travail, le sceau de la propriété. Il ne s'agit plus de ces sociétés primitives, échappées à peine de leur berceau et flottantes encore sur une terre, qu'elles n'ont pas eu le temps de marquer de leur empreinte. Voici de grandes sociétés, qui ont vieilli dans le monde, et qui, arrosant de leur sueur le foyer qu'elles occupent, semblent vouloir, par ce contact fécond, s'incarner dans leur propre territoire. Chaque famille, chaque individu, pour ainsi dire, a pris et marqué sa place dans cette patrie des vieux temps. La propriété s'y est constituée partout sous l'empire des usages, des coutumes et des conventions légales.

Que peut faire, que doit faire l'État, au milieu de ces intérêts enracinés dans le sol par le travail de plusieurs générations?

Il violerait sans contredit la justice qu'il représente, si, trompé par l'exemple de quelques législateurs de l'antiquité, il prétendait reprendre ces terres, pour en faire une distribution plus équitable; car il méconnaîtrait les droits du travail, et risquerait de tarir la source de l'activité humaine. Cette égalité, d'ailleurs, qu'il chercherait à reconstituer au mépris des conquêtes les plus légitimes, serait bientôt détruite par le mouvement naturel de la société.

Il manquerait également à ses devoirs, s'il s'avisait de se constituer lui-même l'unique propriétaire, pour ne laisser que l'usufruit aux citoyens. Car il n'est pas dans sa destinée d'accaparer les instruments du travail, quels qu'ils soient. D'ailleurs, ce serait un autre obstacle au libre déploiement de ces énergies individuelles et sociales, qui font la force et la richesse des empires.

Mais, sans entrer dans un rôle, qui troublerait profondément la société, et que sa nature même réprouve, l'État est appelé cependant à exercer sur la propriété une grande et légitime influence.

Il ne saurait permettre, par exemple, qu'une partie du sol, plus ou moins considérable, s'immobilise dans certaines corporations ; car ce serait borner par une sorte de caprice le champ de l'activité humaine et resserrer arbitrairement l'empire de ses travaux.

Il doit empêcher aussi que des dispositions particulières, inspirées par un sot orgueil aristocratique, ne tendent à concentrer dans les mains d'un seul membre, au détriment des autres, tous les biens patrimoniaux ; car ce serait introduire par la famille l'inégalité dans le corps social et installer la servitude au foyer même de la liberté.

Il faut enfin que, gouverné par le même principe, il rende accessible à tous, non-seulement par l'action constante des lois, mais encore par des institutions et des sacrifices, l'acquisition de la terre, ou de tout autre instrument du travail ; car c'est par là que l'homme se complète, et tout milieu social est faux, anarchique, radicalement contraire au droit, qui n'offre pas à l'homme les moyens de devenir un jour par la propriété, non pas l'hôte seulement, mais l'allié du sol, et comme une partie du sol lui-même, c'est-à-dire un membre vivant de la patrie physique, cette base éternelle de la patrie morale.

CHAPITRE XVII.

L'État et le travail.

Le travail, dans la forme actuelle de la civilisation, ne réclame pas moins que la propriété le contrôle et l'appui de l'État.

Il s'agit, quelquefois, de lui trouver un foyer, c'est-à-dire de lui donner l'aliment, qui doit le faire vivre, comme le champ pour le laboureur.

D'autres fois, ce sont des obstacles matériels ou moraux, qui l'arrêtent ou le retardent dans son développement et qu'il importe souverainement d'écarter.

Puis, vient le problème de son organisation, qu'il faut aider à résoudre, et avec ce grand problème, qui pèse d'un poids si lourd sur notre siècle, la constitution des rapports qui doivent relier l'ouvrier au patron, le travailleur au propriétaire ou au possesseur de l'instrument du travail.

Que d'occasions pour le droit, c'est-à-dire pour l'État, d'élever sa voix ! Que d'intérêts réclament son concours dans cette nouvelle sphère de l'activité humaine !

Tous les gouvernements sont plus ou moins entraînés, dans le cours de leur existence, à ouvrir des ateliers, c'est-à-dire à intervenir directement dans le domaine du travail. Il y a dans tous les pays civilisés un budget des travaux publics, qui donne le bilan de ces entreprises de l'État.

Nul n'oserait contester au pouvoir social la légitimité de ce rôle, quand il s'agit de travaux, qui intéressent la sécurité d'un peuple ou d'un empire ; car alors l'État est dans la sphère même de ses attributions les plus directes : il remplit l'un des devoirs les plus impérieux de sa mission publique.

Il ne serait pas plus juste, ni plus sensé, de lui refuser un pareil rôle, quand il est question de certains travaux, qui, s'ils sont inutiles pour la défense nationale, contribuent au bien-être ou à la splendeur du pays. De telles entreprises sont nécessairement improductives ; elles ne sollicitent point l'activité individuelle des citoyens, qui a besoin pour s'éveiller de l'appât du lucre. Cependant, elles se lient étroitement au progrès de la richesse sociale. Ce sont des marais qu'il faut assainir ; c'est un sol inculte, qui attend qu'une main généreuse le défriche et le livre à la civilisation ; ce sont des cours d'eau, que l'économie conseille de jeter dans un désert pour en faire sortir la vie. Comment contester à l'État le droit de faire ces sacrifices?

Quelques esprits lui refuseraient plutôt d'employer lui-même des ouvriers, quand il ne s'agit plus pour lui de ces deux ordres de travaux et qu'il ne peut avoir d'autre but que de venir au secours des travailleurs, chassés de leur chantier par quelque désastre économique. Leur prétention cependant ne serait pas mieux fondée.

C'est avec raison que l'État, dans ces crises extrêmes, enrôle lui-même les ouvriers, à moins qu'il ne trouve au-dessous de lui, dans le double foyer de la province et de la commune, ou dans quelque combinaison particulière, les moyens d'employer ces instruments vivants, qui peuvent réclamer contre le chômage au nom de l'humanité. Son devoir l'y oblige impérieusement.

Mais dans cette nécessité, si pressante qu'elle soit, il ne doit pas perdre de vue certaines conditions, qui peuvent seules justifier ses entreprises, en les marquant, aux yeux de tous, du sceau de ce droit, qui est sa force et sa vie.

Il faut, avant tout, que cet empiétement de l'État sur le terrain du travail privé soit absolument nécessaire.

Il faut, en second lieu, que la dépense des forces humaines y soit aussi productive que possible, pour que le capital ne soit pas follement prodigué et que le travailleur ne perde rien de sa dignité morale.

Il faut, enfin, que l'ouvrier n'y soit pas enlevé à lui-même et à son rôle naturel par une organisation désastreuse.

Ce n'est pas seulement par un pareil concours que l'État peut et doit agir sur le travail. Il est appelé aussi à le surveiller dans ses relations pour défendre et maintenir le droit, si souvent méconnu sur ce théâtre industriel, où l'homme ne descend que trop au rôle de machine.

Toute constitution despotique ou immorale du travail appelle son intervention.

Que d'anciens usages, légués par des sociétés imparfaites, restreignent le domaine du travailleur ou fassent de ce domaine la propriété exclusive de quelques corporations, il appartient à l'État d'abaisser ces barrières et de rouvrir le monde à la mâle activité de l'homme.

Que la conquête ou la barbarie ait attaché le travailleur, comme un vil instrument, au métier ou à la glèbe, transformant l'être pensant en un capital immonde, il est encore du devoir de l'État de rompre ces liens et de rendre l'homme à lui-même, pour qu'il puisse déployer son énergie dans une liberté virile.

Que des spéculations criminelles s'emparent du travailleur avant sa maturité et menacent l'humanité dans son germe, en dévorant l'enfance; qu'elles usent indignement l'homme par des labeurs excessifs et l'exposent à périr dans des milieux insalubres, où le travail ne marche qu'en face de la mort, l'État est encore appelé à faire entendre sa voix, pour défendre l'inviolabilité de la vie humaine.

Dans toutes ces hypothèses, qui n'appartiennent que trop à l'histoire, et qui se retrouvent malheureusement, comme des épisodes funèbres, dans les annales du travail, l'État n'apparaît guère qu'à titre de défenseur du faible contre le fort. C'est la liberté, la dignité, la vie de l'homme, c'est l'un des attributs de l'humanité qu'il défend et couvre solennellement de la majesté même du pouvoir social. Il agit, dans tous ces cas, comme organe du droit.

Mais son action sur le travail doit s'étendre au delà de ces limites.

Supposons un milieu social, où il ne reste plus rien des entraves qui, pendant des siècles, ont arrêté ou asservi les forces humaines. Les vieux monopoles sont tombés. Le champ de l'industrie, si longtemps entouré d'infranchissables barrières, s'ouvre brusquement à tous les citoyens. Plus d'esclave, plus de serf; la double servitude du métier et de la glèbe a disparu sous le coup des révolutions, avec toutes les tyrannies du passé. Le travailleur est libre, complétement libre; mais que va-t-il faire de sa liberté? Il est seul, comme l'esclave dont on vient de rompre les fers. Il a besoin de s'appuyer sur une force, qui soutienne et féconde sa liberté, en l'enlevant à son isolement; il cherche, il demande une organisation. C'est le moment des rêves et des utopies. Que de plans, que de projets, que de folies peut-être vont se produire au milieu de cette effervescence intellectuelle!

Faut-il que l'État reste étranger à ce mouvement des esprits et qu'il attende, pour ainsi dire, à l'écart que le travail ait trouvé sa véritable constitution, c'est-à-dire, les conditions organiques de son existence et de son développement? Qui oserait le prétendre? Comme si le droit, dans sa portée sociale, ne se rencontrait pas partout au fond de ces questions!

L'État sans doute ne doit pas faire lui-même ces chartes du travail. Ce n'est pas à lui qu'il appartient de fonder les organisations agricoles ou industrielles, qui doivent garantir en même temps le travailleur de la servitude et de la misère; mais il doit les aider à se constituer.

Il remplira ce devoir de deux manières.

D'abord il combattra les résistances, qui pourraient s'opposer à ce mouvement organisateur. Ces résistances viendront du capital, de la bourgeoisie financière, d'une foule d'intérêts, qui profitent du désordre et de l'anarchie des forces populaires du travail. L'État devra chercher à les abattre, si du moins elles se produisent d'une façon illégitime. Le travail a le droit de chercher les combinaisons, qui conviennent le mieux à ses progrès. Tous les obstacles, qui voudraient l'arrêter dans cet effort, doivent être écartés de sa route.

En second lieu, l'État aidera lui-même, au moyen de ses ressources, les combinaisons particulières, qui lui paraîtront devoir assurer au travail la forme sociale qu'il attend. Ce concours salutaire et précieux, mais sujet à plus d'un écueil, il ne le prêtera que rarement et avec mesure, parce qu'il n'est pas dans son rôle d'organiser l'industrie et qu'il ne doit pas entrer dans la carrière industrielle, comme un concurrent. Il n'agira pas non plus en maître, mais en ami et comme une sorte de médiateur, prêt à retirer sa main et son appui, dès que le travail, se constituant lui-même d'après ses instincts, aura trouvé enfin, avec ses instruments, son indépendance et sa dignité.

CHAPITRE XVIII.

L'État et le crédit.

Si l'État, par sa nature, est appelé à intervenir dans le domaine du travail, dont il doit seconder le développement, on ne saurait lui contester le droit d'agir sur le crédit et de lui tracer des lois.

Qu'est-ce, en effet, que le crédit? et quel est son rôle dans le monde?

Le crédit, qui distribue le capital, c'est-à-dire la richesse destinée à créer des produits, ne fait que prêter les instruments du travail aux mains qui en sont dépourvues. Voilà son œuvre dans sa forme la plus générale, œuvre salutaire et féconde, qui aide puissamment l'homme à soutenir sa lutte de tous les jours avec la nature.

Malheureusement, le crédit ne circule pas partout, ni toujours. Il peut être abondant aujourd'hui; mais il se reserrera demain : il s'offre, il se prodigue ici; mais on le cherche vainement ailleurs. Cette source indispensable du travail ne coule guère que par intervalles, et se déplace sans cesse, comme si elle cherchait à se dérober à l'homme.

D'un autre côté, le crédit, lors même qu'il se montre, ne circule jamais gratuitement. Ce n'est pas un allié qui s'offre avec générosité; c'est un mercenaire, dont il faut payer l'appui; c'est même trop souvent un maître, qui règle impérieusement les conditions de son concours.

Eh bien! dans les deux cas, il appartient à l'État de se montrer.

L'action de l'État sur le crédit peut se produire sous des formes diverses, d'après le caractère des temps et suivant les besoins du travail.

Il peut prêter directement lui-même.

Il peut, de plus, régler le taux du prêt dans la main trop exigeante des capitalistes.

Il peut, enfin, établir et protéger certaines institutions de prêt, qui, sous le nom de banques ou de comptoirs, distribuent largement le crédit dans toutes les parties du corps social et livrent partout au travail les instruments qu'il réclame.

Tous ces moyens sont également légitimes dans leur principe et il n'y a que l'ignorance qui puisse le contester. Il s'agit seulement de savoir quel est l'usage, qui doit en être fait, ou quel parti la science en peut tirer au profit de l'économie sociale.

L'État peut prêter directement, c'est-à-dire créditer lui-même le travail.

Mais ce n'est qu'avec une grande mesure et dans de rares circonstances, qu'il doit entrer dans cette voie. Il ne faut pas qu'il envahisse, ni surtout qu'il absorbe un domaine, qui ne lui appartient pas, au risque d'empêcher le corps social de se développer dans toutes ses parties. Le crédit, répondant à l'un des besoins essentiels de l'humanité, doit trouver, comme tous les autres, son organe et son membre, c'est-à-dire une grande institution libre et indépendante, qui lui donne la vie. Mais comment ce progrès s'accomplirait-il, si la sphère même de cette institution était occupée?

Nous ne parlons pas des dangers qui pourraient résulter pour l'État de cet envahissement au point de vue des finances, parce qu'on peut supposer qu'il réussirait, et que ce n'est là pour nous qu'un côté secondaire du problème.

L'État, sans prêter lui-même ou en prêtant, comme il lui convient, aux époques de crise ou pour des besoins exceptionnels, peut fixer le taux de l'intérêt dans la main des capitalistes.

On a contesté plusieurs fois, surtout dans ces derniers temps, l'utilité de cette mesure. Quelques esprits, plus absolus, en ont même nié la légitimité. Mais quoi de plus légitime que d'empêcher le capital d'absorber le fruit du travail, et de défendre l'homme contre l'instrument, l'esprit contre la matière et ses insolentes usurpations? N'est-ce pas là l'un des côtés du droit humain? Et n'appartient-il pas à l'État, qui en est l'organe, de le revendiquer avec toute la puissance de la loi?

Que la mesure soit toujours utile, nous ne devons pas, nous ne pouvons pas l'affirmer. L'usure, c'est-à-dire le capital, qui exagère son prix, trouve facilement le moyen d'échapper aux prescriptions du pouvoir social. Il peut même résulter quelquefois des inconvénients de ces menaces du législateur. L'avare capital n'est que trop enclin à en tirer parti, pour se vendre encore plus cher et ajouter à ses exigences.

L'État peut fonder des institutions de prêt, qui répandent le crédit, comme un sang généreux, dans toutes les veines du travail.

Ce moyen, qui n'exclut pas les deux autres, qui en est même le complément, est sans contredit le meilleur, parce qu'il offre moins de dangers et qu'il concourt d'une manière plus directe aux progrès de l'organisme social. Presque tous les gouvernements civilisés ont adopté instinctivement ce système.

Malheureusement, en fondant ces comptoirs ou ces banques, ils ont constitué partout des monopoles, qui ont arrêté le développement du crédit et limité son influence. Il en est résulté que le travail a été encore trop sacrifié au capital et que la richesse n'a circulé qu'au profit de certaines classes de citoyens.

Que l'État seconde et favorise de tout son pouvoir ces institutions financières, sans leur abandonner cependant par de funestes priviléges le gouvernement du crédit; qu'il les rende accessibles, par d'heureuses transformations, à toutes les demandes, à tous les besoins du travail, et qu'il les ouvre partout, comme des réservoirs féconds, à l'agriculture et à l'industrie, ces deux forces vives des peuples : c'est là son droit et son devoir. Il faut qu'il y reste fidèle jusqu'au jour où le crédit aura trouvé sa véritable assiette économique et où le travail le verra prêt à seconder généreusement ses efforts.

Le fleuve, alors, coulant avec abondance et réglant lui-même son cours, il ne faudra plus qu'une force étrangère lui trace son lit ou distribue ses eaux sur le sol qu'il doit abreuver.

CHAPITRE XIX.

*Comment le rôle de l'État doit se restreindre, à mesure
que la civilisation s'étend.*

Cette intervention de l'État dans les diverses
sphères de l'activité nationale ne doit pas être la même
dans tous les temps, à toutes les époques de l'histoire.
Plus sensible aujourd'hui, elle se manifestera moins un
autre jour, parce qu'elle sera moins nécessaire à la vie
de l'humanité.

En effet, que de grandes organisations se forment
et s'établissent pour suffire aux divers besoins des individus et des peuples ; que la religion, dans la variété
de ses symboles, se constitue puissamment selon son
génie ; que l'enseignement ouvre partout aux générations nouvelles des foyers de lumière ; que la science,
l'art et l'industrie acquièrent les moyens de se développer au gré de l'intelligence ; que la propriété, le

travail et le crédit, partout accessibles à l'homme, assurent son indépendance, trop mal garantie par les institutions politiques, l'État se trouvera naturellement dépouillé d'une grande partie de ses fonctions. La tutelle ne cesse-t-elle pas, quand le pupille est parvenu à l'âge de la majorité? Et à quoi bon le secours d'un médiateur, lorsque le but est à la portée de tous, ou que l'homme n'a plus besoin que de sa volonté pour l'atteindre?

Tous ces progrès qui, en élevant le niveau des sociétés humaines, doivent restreindre le rôle de l'État, ne s'accompliront pas sans doute en un jour. On peut même dire qu'ils ne se produiront que successivement et avec une sorte de lenteur, tant sont puissants les obstacles, qui s'opposent de siècle en siècle à la marche de l'humanité!

Mais cependant que de pas déjà faits dans cette voie!

Qu'on songe à ce qu'étaient la France et l'Europe, il y a cent ans, et à ce qu'elles sont aujourd'hui.

A part la religion, qui se développe partout avant le reste, comme un fruit spontané, comme l'efflorescence originelle de la pensée humaine, où était, à cette époque, la trace de ces grandes organisations, qui doivent pourvoir à tous les besoins sociaux? Qui songeait seulement à les appeler au secours de l'homme, malheureusement aux prises avec la nature et avec ses semblables? Où était le philosophe, le publiciste, l'homme d'État, dont l'esprit fût inquiet de ces problèmes de l'avenir?

Aujourd'hui ces grandes organisations n'existent pas encore, il est vrai ; mais on peut dire qu'on en trouve partout le germe et même l'ébauche.

Ce n'est pas seulement la pensée des hommes publics et des écrivains, qui marche à la conquête de ces forces nouvelles de l'ordre social. Le mouvement naturel et nécessaire des intérêts y pousse l'humanité. Que d'institutions contemporaines sont déjà sorties de ce travail fécond, en attendant que d'autres, plus importantes sans aucun doute, lui doivent elles-mêmes la vie !

Aucune de ces institutions ne prend racine dans la société sans que l'État se trouve resserré dans de plus étroites limites.

Il perd, en quelque sorte, tout le terrain qu'elles gagnent.

Ce n'est pas un conquérant qui est rejeté sur son propre territoire ; ce n'est pas un usurpateur qui est chassé de la place que la force ou la ruse lui a livrée ; ce n'est pas un tyran qui est vaincu par ses esclaves ; ce n'est pas même un maître qui se retire parce que le commandement lui échappe. C'est un protecteur ou un allié, qui n'est plus nécessaire et qui abandonne sagement à elles-mêmes des forces désormais assez puissantes et assez disciplinées pour se conduire.

CHAPITRE XX.

*Si l'État cessera jamais d'être utile et s'il faut s'attendre
à le voir un jour disparaître.*

Faut-il conclure de ce développement providentiel
de la société que l'État n'a qu'un rôle temporaire dans
la vie des peuples et qu'il est condamné à disparaître
un jour de la scène, comme tant d'autres institutions,
qui, après avoir longtemps figuré dans le monde, sont
emportées, à la fin, par le cours irrésistible des siècles?

Certains esprits pourraient être tentés de le croire.
C'est même au nom de cette idée, plus ou moins net-
tement conçue, qu'on a proposé récemment d'en finir
avec l'État.

Qu'on ne s'attende pas pourtant à cette révolution.

L'avenir, qui doit changer tant de choses, n'effacera
pas les rapports de justice, qui existent nécessairement
entre les hommes, et ne rendra jamais inutile le pouvoir social, chargé de maintenir ces rapports.

Nous pouvons prévoir, avec Condorcet, une époque où, physiquement et moralement affranchie, l'humanité poursuivra sans effort sa grande et noble destinée. Cette époque est encore loin de nous; mais elle s'avance chaque jour. Il semble même qu'elle commence à poindre dans les profondeurs radieuses de l'horizon. Déjà son aube douce et bienfaisante réjouit partout le cœur des peuples, amoureusement penchés vers l'avenir. *Salve, magna parens!* Salut, mère heureuse et féconde d'une nouvelle humanité!

Quel merveilleux changement s'est accompli sous le ciel! Le vieux monde est détruit ou sur le point de disparaître. Partout les chaînes tombent et se brisent. La race humaine, si longtemps captive, tressaille en liberté et déploie sans obstacle ses immortelles énergies. Les institutions, qu'elle a réclamées en vain pendant des siècles, se dressent autour d'elle et lui donnent la main. Toutes les forces sociales sont organisées, pour marcher harmonieusement vers leur but. Plus d'usurpations, plus de violences. Le droit, ce souverain du monde, comme disait Pindare, brisant partout la tyrannie de la force, a pris enfin possession de son empire. C'est une autre ère qui apparaît, c'est une autre société qui commence....

Telle est l'espérance des philosophes, noble et sainte espérance, qui a ses racines dans Dieu et qui grandit sans cesse avec la raison, comme un fruit immortel de l'esprit humain.

Oui, cette grande cité du droit, que la pensée poursuit à travers les siècles, s'ouvrira un jour pour les peuples, maîtres de leurs destinées.

Mais comme les forces de l'humanité seront toujours des forces libres et, par conséquent, exposées à s'égarer au souffle des passions, il faudra encore que la justice soit armée, c'est-à-dire, qu'il y ait quelque part une grande institution, chargée de défendre le droit.

Des invocations ou des hymnes à l'anarchie, moins dangereuses alors que de nos jours, ne seront guère plus sensées, et l'État, moins puissant, il est vrai, parce que tous les organes sociaux se seront développés avec le temps, n'en restera pas moins ce qu'il a été depuis que les sociétés existent, l'organe inviolable du droit au sein de l'humanité.

FIN.

TABLE DES MATIÈRES.

CHAPITRE IV.

CHAPITRE V.

CHAPITRE VI.

CHAPITRE VII.

CHAPITRE VIII.

CHAPITRE IX.

FIN DE LA TABLE DES MATIÈRES.

www.ingramcontent.com/pod-product-compliance
Lightning Source LLC
Chambersburg PA
CBHW051609060726

47597CB00004B/1209